AF273656

La agonía de Jesús
en el Huerto de los Olivos

Hora santa

Ediciones Palabra
Madrid

© Padre Pío, 2018
© Ediciones Palabra, S.A., 2025
   Ronda del Caballero de la Mancha, 59 – 28034 Madrid
   Telf.: (34) 91 350 77 20 – (34) 91 350 77 39
   www.palabra.es
   palabra@palabra.es
© Traducción: Gloria Esteban

Diseño de cubierta: Equipo editorial
ISBN: 978-84-1368-513-7
Depósito Legal: M-24.657-2025
Printed in Spain – Impreso en España

Padre Pío

La agonía de Jesús
en el Huerto de los Olivos

Hora santa

Albor

ÍNDICE

NOTA DEL EDITOR

En estas páginas hemos reproducido una pequeña obra del Padre Pío sobre la agonía de Cristo en Getsemaní. Como verá el lector, se trata de un texto estructurado en cuatro partes, en el que el conocido santo italiano, haciendo la oración personal, revive las amargas horas en las que Cristo espera a ser detenido por las autoridades judías antes de ser primero juzgado y luego ajusticiado.

El texto que usted tiene entre las manos es una traducción de la obra *L'agonie de Jesus au Jardin des Olivers* de la editorial parisina Tequí. Este breve folleto del Padre Pío ha sido traducido al francés del original italiano *Agonia di Gesù nell'Orto* (Casa S. Cuore. Sant'Agata di Puglia-Foggia) por el abad

Honoré Mazué, párroco de Montcony, pueblo de la Borgoña francesa.

Nos hemos permitido la licencia de añadir títulos a los cuatro capítulos en los que está estructurada la oración del santo capuchino de Pietrelcina. Por tanto, la elección de las frases del evangelio es nuestra, y no venía en el original.

Hemos reproducido íntegramente el prólogo del P. Ezechia por considerarlo de gran valor histórico además de que era familiar del Padre Pío. Por último hemos añadido una breve biografía del Padre Pío para aquellos lectores que desconozcan quién fue.

Es importante que el lector entienda que este texto tiene una clara intención piadosa, y que está escrito con el objetivo de que el lector pueda meterse en las tremendas horas que Cristo, por amor a su Padre Dios y a los hombres, quiso padecer. Nuestra intención al publicarlo es que sirva para este propósito.

PADRE PÍO DE PIETRELCINA
(1887-1968)

Francesco Forgione, conocido como el Padre Pío, nació en Pietrelcina, un pequeño pueblo de la provincia de Benevento, el 25 de mayo de 1887. Sus padres fueron Grazio Forgione y Maria Giuseppa Di Nunzio.

Desde muy pequeño tuvo el deseo de consagrarse a Dios y así fue observado por su familia y amigos. También manifestó un gran deseo por el sacerdocio, nacido por el encuentro que tuvo con un fraile capuchino del convento de Morcone llamado Fray Camillo, quien pasaba por su casa pidiendo limosna. Su madre contaba que «no cometió nunca ninguna falta, no era caprichoso, siempre me obedeció a mí y a su padre; cada mañana y cada tarde iba a la iglesia a visitar a Jesús y a la Virgen. Durante el día no salía con los compañeros. A veces le decía: «Francisco, sal un poco a jugar. Él se negaba diciendo: no quiero ir porque ellos blasfeman». Según relata en su diario el Padre Agostino de San Marco in Lamis, uno de sus directores espirituales, el Padre Pío, desde el 1892, cuando apenas tenía cinco años, ya vivió sus primeras experiencias espirituales. Los éxtasis y las apariciones fueron tan frecuentes que al niño le pareció que eran absolutamente normales.

El 6 de enero de 1903, a los dieciséis años, entró como religioso en la orden de los Capuchinos. Fue ordenado sacerdote en la Catedral de Benevento, el 10 de agosto de 1910. A causa de su quebradiza salud, estuvo en varios conventos. Y a partir del 4 de septiembre de 1916 llegó al convento de San Giovanni Rotondo donde se quedó hasta el 23 de septiembre de 1968, día de su sentida muerte.

El Padre Pío iniciaba sus días despertándose antes del alba para hacer oración, aprovechando la soledad y el silencio de la noche. Pasaba diariamente largas horas ante Jesús Sacramentado, preparándose para la Santa Misa. De este Sacramento siempre sacó las fuerzas necesarias para su gran labor con las almas acercándolas a Dios en el Santo Sacramento de la Confesión. Llegaba a confesar hasta 14 horas diarias.

El 20 de septiembre de 1918, rogando ante el crucifijo del coro de la vieja iglesia pequeña, el Padre Pío obtuvo el don de los estigmas, que eran visibles y estuvieron sangrantes durante decenas de años. Este fenómeno extraordinario fue estudiado por médicos y otros científicos. Estos y otros acontecimientos sobrenaturales fueron la causa de que no fuera comprendido por parte de las autoridades eclesiásticas. Algunos de los científicos que fueron a examinarle, como el sacerdote y psicólogo Agostino Gemelli, dieron origen a un decreto de la Iglesia en el que se declaraba que no se constata la sobrenaturalidad de los hechos, le prohibían las visitas e, incluso, el Padre Pío tuvo que pasar 10 años —de 1923 a 1933— aislado completamente del mundo exterior.

A raíz de la Segunda Guerra Mundial (1939-1945), el padre fundó los «Grupos de Oración del Padre Pío». Los grupos se multiplicaron por toda Italia y el mundo. A la muerte del padre, los grupos eran 726 y contaban con 68 000 miembros, y en marzo de 1976 pasaban de 1 400 grupos con más de 150 000 miembros.

Otra de las iniciativas que alentó fue la construcción de un moderno hospital, «Casa Alivio del Sufrimiento». También por esta obra, el Padre Pío tuvo que sufrir contradicciones: fue acusado de enriquecerse e incluso se le despojó de la administración del hospital. A sus seguidores se les recomendó no asistir a sus misas ni confesarse con él. Pero estos se negaron a seguir las recomendaciones.

En septiembre de 1968, miles de hijos espirituales del Padre Pío se reunieron en un congreso en San Giovanni Rotondo para conmemorar juntos el 50° aniversario de sus estigmas y celebrar el cuarto congreso internacional de los Grupos de Oración. En medio de dicho evento, el 23 de septiembre de 1968, falleció a los 81 años. Su funeral fue tan multitudinario que se tuvo que esperar cuatro días para que la multitud de personas pasara a despedirse. Se calcula que hubo más de 100 000 participantes en el entierro.

El Padre Pío de Pietrelcina es el primer sacerdote en llevar impreso sobre su cuerpo las señales de la crucifixión. Dotado por Dios de particulares carismas (sobre todo el de la confesión sacramental), se empeñó con todas sus fuerzas en la salvación de las almas.

En noviembre de 1969 comenzaron los preliminares de la causa de beatificación del Padre Pío. El 18 de diciembre de 1997, el papa Juan Pablo II lo declaró venerable. El

2 de mayo de 1999, fue beatificado, y el 16 de junio de 2002, Juan Pablo II lo canonizó bajo el nombre de san Pío de Pietrelcina.

PRÓLOGO

El pasado mes de marzo di a imprimir una meditación titulada *La agonía de Jesús en el Huerto de los Olivos:* un breve texto redactado por un piadoso capuchino hace algunos años, cuando las fatigas del apostolado le brindaron el descanso necesario para poner por escrito los ímpetus de su corazón seráfico[1].

Esa primera edición se agotó enseguida. Y, en respuesta a las numerosas peticiones de las almas devotas de la Pasión de Jesús, no he dudado en reimprimirlo. De hecho, estoy convencido de que este librito hará mucho bien a los fieles.

---

[1] Ese capuchino es el Padre Pío, que lleva los estigmas desde hace treinta años. Consagrado a la oración y a la confesión en su convento de San Giovanni Rotondo, ejerce una honda influencia espiritual en Italia.

Puede que algunos hayan cometido el error de creerme el autor de esta meditación, inspirándome sin duda en los textos que el religioso me hizo llegar.

En realidad, lo único que he hecho ha sido dar a reimprimir este breve texto, sin añadir ni alterar absolutamente nada. Y, con la ayuda de Dios, espero poder continuar publicando los demás escritos de este querido hermano, que es, además, familiar y compatriota mío.

Que nuestro Padre seráfico, san Francisco, cuya fiesta celebramos hoy, nos sirva de guía durante la meditación de la Pasión de Jesús, de modo que podamos recibir luz y ayuda para que a cada instante crezca en nuestras almas la vida divina.

Convento de San Pasquale,
(Benevento) 4 de octubre de 1952.
P. EZECHIA CARDONE, O. F. M.
capuchino del convento de Benevento.
Primo y compatriota del Padre Pío

ORACIÓN
AL ESPÍRITU SANTO

Espíritu Santo, dígnate infundir en mi alma tus luces divinas y las llamas ardientes de tu amor a lo largo de esta meditación de la Pasión de Jesús.

¡Ayúdame a penetrar la hondura de ese misterio de amor y de dolor infinitos de un Dios que, después de revestirse de nuestra naturaleza, sufre, agoniza y muere por amor a su criatura! El Eterno, el Inmortal, se abaja y se humilla hasta someterse al más espantoso de los martirios, a la muerte ignominiosa en la cruz, rodeado de insultos, de desprecio y afrentas, para salvar a su criatura: esa criatura que le ofende y se revuelca en el fango del pecado. Porque el hombre se deleita en su pecado, mientras que su Dios, para expiar ese mismo pecado, se entrega al dolor, a la tristeza y al sudor de sangre, en medio de la agonía más terrible del espíritu. No: sin la ayuda de tu gracia jamás podré sumergirme en ese abismo sin fondo de amor y de dolor...

¡Que pueda, Jesús, penetrar en tu Corazón para descubrir en él la naturaleza y la intensidad de la amargura que te redujo a la muerte en el Huerto! ¡Que pueda darte el consuelo de mi amor en ese estado de terrible abandono en que te dejaron tu Padre y tus apóstoles! ¡Que pueda unirme a ti para expiar contigo!

María, Madre de los dolores, haz que me una a ti para seguir a Jesús, para compartir sus sufrimientos y los tuyos.

Santo ángel de mi guarda, mantén mis facultades plenamente entregadas a la meditación de Jesús agonizante para que no puedan apartarse de algo tan sagrado.

Así sea.

I. «QUEDAOS AQUÍ; VELAD Y ORAD PARA NO DEJAROS SORPRENDER POR LA TENTACIÓN»

Llegado el final de su vida en la tierra, el divino Redentor, después de entregarse enteramente a nosotros como alimento y bebida en el sacramento de su amor, después de alimentar a sus apóstoles con su carne inmaculada, se dirigió con ellos hacia el Huerto de los Olivos, un lugar de sobra conocido por los discípulos... y por Judas.

En el trayecto que separa el Cenáculo del Huerto, Jesús sigue instruyendo a sus apóstoles.

Los prepara para la separación que se acerca, para su Pasión inminente; los prepara también para soportar por su amor las calumnias, las persecuciones e incluso la muerte. Él, el Modelo divino, quiere hacerlos en todo semejantes a Él. «Yo estaré con vosotros. Y vosotros, mis discípulos, no os turbéis, porque la promesa divina no dejará de cumplirse. La prueba la tendréis en la hora solemne que ahora empieza».

Está a punto de comenzar su dolorosa Pasión. Y se olvida de sí mismo para pensar únicamente en los suyos. ¡Qué inmenso amor llena ese Corazón divino!

El rostro de Jesús refleja a la vez tristeza y amor. Sus palabras nos confían la intimidad de su Corazón. ¡Qué raudal de ternura, cuánto aliento, cuánto consuelo contienen sus promesas! Revelan los misterios más profundos de su Pasión.

Jesús, ese trayecto desde el Cenáculo al Huerto de los Olivos siempre ha conmovido en lo más hondo mi corazón; en él contemplo la efusión de un amor que se hunde y se funde con los que te aman; la manifestación de un amor ávido de inmolarse por los hombres para rescatarlos de la esclavitud del pecado. «No hay mayor prueba de amor que la de dar uno la vida por sus amigos», has dicho. Y ahora vas a sellar esa prueba de amor con el sacrificio de tu vida.

¿Quién dejará de conmoverse ante tan generosa oblación?

En la entrada del Huerto, el divino Maestro despide a sus discípulos excepto a tres —Pedro, Santiago y Juan—: quiere hacerlos testigos de su agonía. Los tres elegidos del Tabor a los que, al contemplar al Señor junto a Moisés y a Elías en el esplendor de su gloria, tan poco les costó proclamar su divinidad, ¿tendrán ahora, en presencia de ese mismo Señor abrumado bajo el peso de una tristeza mortal, una fe igual de dispuesta a seguir confesando la divinidad de Dios Hombre?

Entran en el Huerto y Jesús les dice: «Quedaos aquí; velad y orad para no dejaros sorprender por la tentación».

Es como si les dijera: estad prevenidos, porque él, el enemigo, permanece en vela. Pertrechaos contra él con el arma de la oración para poder descubrir sus ardides y resistir a las seducciones del pecado. Ha llegado la hora de las tinieblas.

Tras estas recomendaciones, Jesús se aparta de ellos como a un tiro de piedra y se postra en tierra.

Lo invade una inmensa tristeza; su alma se ve presa de una amargura indecible. Es de noche: noche cerrada y serena. Brilla la luna en todo su esplendor. Parece proyectarse sobre el huerto y lo sumerge en la penumbra, en un lúgubre resplandor que anuncia funestos acontecimientos. Está como teñida de sangre: se estremece y se hiela el corazón...

Un viento misterioso, precursor de la tempestad que se acerca, agita las hojas de los olivos, cuyo áspero y ligero susurro penetra hasta los huesos. ¿Será un presagio de la muerte? Ese sentimiento se apodera por entero del alma de Jesús y la inunda de una tristeza mortal.

Noche terrible: tan terrible que no volverá a existir otra igual.

¡Qué contraste, Jesús, con la noche radiante de tu nacimiento, cuando los ángeles, estremecidos de gozo, anunciaron la paz y cantaron tu gloria! Ahora, sin embargo, llenos de tristeza, parecen mantenerse a distancia, como para respetar la infinita desolación de tu alma...

Ese es el lugar al que Jesús ha ido a orar.

Jesús niega a su humanidad sacrosanta el privilegio de impasibilidad y de poder que habría podido otorgarle la divinidad. Por eso, enseguida se apoderan de él una tristeza indescriptible, una debilidad extrema, una aversión, un abandono y una angustia mortales. En medio de ese torrente de dolor, su espíritu parece zarandeado por el oleaje de un océano sin límites que amenaza a cada instante con hundirlo. Ve desplegarse ante él cada detalle del martirio de su Pasión inminente. Como un torrente que ha roto sus diques, ese abismo de dolor se derrama en su corazón para arrasarlo, para desgarrarlo, para triturarlo.

Ve primero a Judas, el discípulo al que tanto ha amado, venderlo por unas pocas monedas... Lo ve acercarse al huerto para traicionarlo y entregarlo a manos de sus enemigos... Él: el amigo, el discípulo ante quien se ha arrodillado hace unos instantes, le ha lavado los pies, lo ha estrechado contra su corazón, lo ha alimentado con su carne y su sangre y le ha dado un beso de amor fraternal. ¿A fuerza de amor querías, Jesús, disuadirlo de su impío y sacrílego propósito? O, si el desdichado cometía un crimen tan abominable, ¿querías que recordara al menos tantas y tan ardientes pruebas de tu amor; que recapacitara, se arrepintiese y salvara su alma?

Pero no es así: Judas corre hacia su perdición y Jesús llora esa pérdida voluntaria.

Se ve atado, arrastrado por sus enemigos a través de las calles de Jerusalén: las mismas calles que, unos días antes, recorrió en triunfo, aclamado como el Mesías esperado... Se ve delante del sumo sacerdote, golpeado, declarado culpable y reo de muerte: Él que es el Autor de la vida. Se ve arrastrado de tribunal en tribunal, compareciendo ante los jueces que lo condenan.

Ve cómo el pueblo, el pueblo al que tanto ha amado y tantos y tan inmensos favores ha prodigado, ahora lo maltrata, lo insulta, lo abuchea, le silba con un encono infernal, pide a voces su muerte, y una muerte en la cruz. Escucha las injustas acusaciones de esa muchedumbre y se ve condenado a la flagelación más cruel, coronado de espinas, ridiculizado, saludado como el rey de los bufones, abofeteado.

Se ve finalmente condenado a la muerte ignominiosa de la cruz; y después, en la subida al Calvario, tambaleándose bajo el peso de su cruz, se ve caer por tierra una y otra vez, exhausto... Se ve en la cima del Gólgota, despojado de sus vestiduras, tendido y clavado sobre esa cruz con una crueldad sin igual, y alzado entre el cielo y la tierra a la vista de la multitud. Se ve colgado de tres clavos que desgarran su carne, abren sus venas, dislocan sus huesos... ¡Dios mío, qué tres horas de agonía tan largas y crueles, rodeado de un populacho inhumano e insensible!

Siente la garganta y las entrañas abrasadas por una ardiente sed: un martirio atroz al que viene a añadirse un brebaje de hiel y vinagre.

Ve el abandono de su Padre y la desolación de su Madre, de pie junto a la cruz.

Ve finalmente su muerte ignominiosa entre dos ladrones: uno lo reconoce, proclama su divinidad y obtiene su salvación; el otro, entre blasfemias e insultos, muere sin esperanza.

Ve a Longinos acercarse y atravesarle el costado con su lanza en un gesto de injuria y desprecio sin igual. Y, como cualquier mortal, se ve finalmente condenado a la última humillación: la de la sepultura.

Ante sus ojos se despliegan todas esas escenas crueles y aterradoras que inundan su Corazón divino, lo atormentan y lo desgarran. Tiemblan todos sus miembros, como poseídos de una fiebre violenta. Un temor creciente invade su espíritu y sumerge su alma en un océano de tristeza.

¡Ahí estás, Jesús, Cordero inocente; abandonado, solo e inerme, a la ferocidad de los lobos! Cordero, Hijo de Dios, voluntariamente inmolado para gloria de tu Padre, el mismo Padre que, por la redención del género humano, ahora te abandona a los poderes infernales... Ahí estás, abandonado hasta por tus discípulos, que han emprendido una huida vergonzosa, como si fueras ahora el hombre más peligroso de este mundo. ¡El Verbo eterno de Dios convertido en el hazmerreír de sus enemigos!

¿Va a renunciar acaso? No. Todo lo ha aceptado desde el principio, generosamente, sin reservas.

¿Por qué entonces ese terror, ese mortal pavor; de dónde proceden? Porque ha hecho de su humanidad el blanco de todos los golpes de la justicia divina, ultrajada por el pecado. Contempla con nitidez y siente en lo más vivo cuanto tendrá que sufrir, cada falta personal que deberá expiar con un sufrimiento incomparable. Está vencido por esa dolorosa visión, porque ha convertido su humanidad en presa de la debilidad, del terror, del espanto.

Ha llegado al límite de sus fuerzas. Rostro en tierra, se postra ante la majestad de su Padre: ahí está esa augusta Faz, cuya inefable belleza embelesa a los ángeles y a los santos del cielo en un éxtasis eterno, tocando el suelo, totalmente desfigurada.

¡Dios mío, mi Jesús! ¿Has dejado de ser el Dios de cielo y tierra, igual en todo a tu Padre? ¡Quién no lo pensaría al verte en ese estado de humillación, perdida incluso la apariencia humana!

Sí, ahora lo entiendo: es para que mi orgullo aprenda que, para tratar con el cielo, mi actitud ha de ser siempre de profunda humildad; para reparar y expiar ese orgullo te humillas así ante tu Padre; para lograr que pose su mirada compasiva sobre nuestra pobre humanidad, esa mirada divina que nuestra rebeldía ha apartado de nosotros. Gracias a tu humillación se dignará Él perdonar la soberbia de la criatura. Para reconciliarla con el cielo te postras en tierra, como para darle el beso de la paz. ¡Que todos los hombres, Jesús, te bendigan siempre y te den gracias por todas las afrentas y humillaciones que nos han retornado a Dios y unido a Él en el abrazo del santo amor!

II. «¡PADRE, SI ES POSIBLE, APARTA DE MÍ ESTE CÁLIZ!»

Jesús se levanta. Dirige al cielo miradas de súplica y tristeza. Tiende los brazos y ora. ¡Dios mío, qué palidez mortal veo en su rostro! Ora a su Padre, ese Padre que aparta de Él la mirada y se dispone a golpearlo con su espada vengadora, con toda su indignación de Dios ofendido. Jesús ora con la plena confianza de un hijo, pero conoce perfectamente la tarea que debe cumplir. Se sabe responsable, solo Él y por todos, de cada ultraje infligido a la Majestad divina.

Sabe que solo Él, mediante el sacrificio de su vida, es capaz de satisfacer la justicia divina y reconciliar a la criatura con su Creador. Y lo quiere: lo quiere a cualquier precio. Pero la naturaleza se aterra al contemplar los tremendos sufrimientos de la Pasión: querría evitarlos todos; el espíritu, sin embargo, está dispuesto a la inmolación y lucha con todas sus fuerzas contra las resistencias inferiores. Se siente agotado, pero no abandona esa lucha encarnizada.

¿Quién podría, Jesús mío, viéndote tan exhausto y abatido, esperar auxilio de ti?

Ahora lo entiendo: tanta angustia sirve para comunicarnos tu valor; para enseñarnos que solo en ti hemos de poner nuestra confianza en los combates de la vida, aunque nos parezca que el cielo se ha cerrado.

Abrumado por un dolor tan formidable, Jesús grita: «¡Padre, si es posible, aparta de mí este cáliz!». Es el grito de la naturaleza que, angustiada, implora con confianza el auxilio del cielo. Pero sabe muy bien que su petición no será atendida. Y así lo quiere. Aun así, ora. ¿Cuál es entonces, Jesús mío, el motivo que te empuja a pedir lo que no quieres que se te conceda? El sufrimiento y el amor.

¡Qué gran misterio! El dolor que te hunde te lleva a implorar socorro y consuelo, pero el deseo de satisfacer la justicia divina y de reconducirnos a Dios puede más, y te hace añadir: «No se haga mi voluntad, sino la tuya». Ante esta súplica, el cielo continúa tan impasible como el bronce.

Su Corazón desgarrado necesita consuelo; el abandono que sufre, la lucha que debe librar Él solo lo mueven a buscar consuelo.

Se levanta despacio, da unos pocos pasos vacilantes y va en busca de sus discípulos, con la esperanza de encontrar en ellos algo de compasión: ellos, sus apóstoles, que han vivido tanto tiempo junto a Él, que tantas confidencias suyas han recibido, entenderán sin duda su angustia más íntima y la inmensidad de las pruebas que tendrá que padecer antes de morir. Ellos sabrán darle un poco de consuelo.

Pero ¡qué desilusión, Jesús, al encontrártelos sumergidos en un sueño profundo! Y tú te sentirás aún más solo en medio de la inmensa soledad de tu espíritu.

Te acercas a ellos, los llamas y, dirigiéndote a Pedro, le dices con dulzura: «Simón, ¿duermes? Tú, que has dicho que me quieres seguir hasta la muerte y dar tu vida por mí, ¿ahora duermes?». Después se dirige a los otros y añade: «¿Ni siquiera habéis sido capaces de velar una hora conmigo?».

Es la queja del Cordero entregado al sacrificio; la queja de un corazón profundamente herido, abandonado, solo, privado de todo consuelo...

Y entonces sale de su abatimiento y, como olvidado de sí mismo pese a tanto sufrimiento, lleno de solicitud y de caridad hacia ellos, añade: «Velad y orad para no caer en tentación». Parece querer decirles: si, mientras yo lucho y sufro, os ha costado tan poco olvidarme, procurad al menos velar y orar por vosotros. Pero ellos, dominados por el sueño, apenas escuchan la voz de Jesús: les parece una sombra, más aún porque apenas reconocerían su rostro arrasado por la angustia interior que tanto le hace sufrir. ¡Cuántas almas generosas, Jesús, conmovidas por tus gemidos, han venido a acompañarte aquí, a este Huerto, para compartir contigo tu amargura y tu angustia mortales! ¡Cuántos corazones han respondido generosamente siglo tras siglo a tu llamada! ¡Que todas esas almas sean para ti consuelo en esta hora suprema; que esas almas que participan de las angustias de tu Corazón mejor que los discípulos cooperen contigo a su propia salvación y a la de los demás! Y haz, Jesús, que yo sea una de esas naturalezas generosas que te brindan su parte de consuelo.

III. «NO SE HAGA MI VOLUNTAD, SINO LA TUYA»

Jesús ha regresado a su lugar de oración. Entonces se presenta a sus ojos un cuadro aún más horrible que el anterior. Ante él se extienden todos nuestros pecados, con toda su fealdad, en todos sus detalles. Ve toda la maldad y la malicia con que los cometen los hombres. Ve hasta qué punto esos espantosos pecados son un ultraje y una ofensa a la Majestad divina. Ve todas las abominaciones, las impurezas, las blasfemias que profieren las bocas de los hombres, acompañadas de la maldad de los corazones: de esas bocas y esos corazones que no han sido creados sino para entonar himnos de alabanza y bendición a su Creador. Ve los sacrilegios de los que son culpables sacerdotes y fieles al profanar los sacramentos instituidos para nuestra salvación como otros tantos medios necesarios para comunicarnos las gracias divinas; esos sacramentos que, por su culpa, se han transformado ahora en ocasión de pecado y de condenación para sus almas. Se ve cargado y como revestido de esa avalancha de corrupción con la que debe presentarse ante la santidad de su Padre. Tiene que expiarlo todo con un castigo proporcional a la gravedad de cada uno de esos delitos. Así restituirá a su Padre toda la gloria que esos pecados le han arrebatado. Así purificará esa cloaca de fango en el que se revuelcan los pecadores con absoluta indiferencia.

No retrocederá. Como las olas de un mar embravecido, esos torrentes de suciedad lo rodean, lo asfixian, lo hunden. Ahí está, ante su Padre.

¡Hay que desarmar su justicia inexorable! ¡Él, la pureza en sí misma, la santidad por naturaleza: ahí está, tocando el pecado! ¡Ahí está, por así decir, convertido Él mismo en pecado!

¿Quién podrá comprender jamás la repugnancia que le deja sin aliento, el horror que padece, la náusea, el desprecio que siente? ¿No ha tomado sobre Él, sin reserva alguna, ese inmenso peso? ¡Está hundido, abatido, aplastado!

Está vencido bajo el peso de la justicia divina en presencia de su Padre, que le vuelve su rostro y, en el paroxismo de su cólera, se dispone a golpearlo, como a un condenado.

Querría sacudirse de encima ese peso terrible que lo aplasta. Su propia pureza lo rechaza y la mirada airada de su Padre, que lo abandona en medio de ese charco enfangado e infectado de pecado donde lo ve sumergido, lo empuja a escapar de la dolorosa Pasión. La naturaleza lucha contra sí misma. Todo le aconseja librarse de esa infamia y negarse a la expiación. Pero, en ese caso, ¿quedará satisfecha la justicia, recuperará el pecador el favor de Dios? Ese pensamiento se apodera de su corazón rebosante de amor.

Esas dos fuerzas, esos dos amores, uno más santo que el otro, se disputan la victoria en el Corazón de Jesús. ¿Cuál vencerá? No hay duda: Jesús quiere hacer triunfar a esa justicia ultrajada que prima sobre todo lo demás; desea su victoria. Pero ¡qué aspecto debe ofrecer su rostro! Te veo, Jesús, invadido por las inmundicias de toda la humanidad. ¡Tú, la santidad en esencia, cubierto —aunque solo sea en apariencia— por la suciedad del pecado! No, no es posible. ¡Aterrado, espantado, hundido! ¿Cómo salir de ese punto muerto?

Aún queda el recurso de la oración. Postrado ante la majestad de su Padre, le dirige esta súplica: «¡Padre, si es posible, aparta de mí este cáliz!». Sin duda, es esto lo que Jesús quiere decir: Padre mío, quiero tu gloria, quiero que tu justicia quede plenamente satisfecha. Quiero que la familia humana se reconcilie contigo. ¡Y, sin embargo, yo, que soy tu propia santidad, verme así mancillado por el pecado...! ¡No, que no sea así! ¡Que se aleje este cáliz de mí!

Padre, tú que todo lo puedes, halla entre los tesoros infinitos de tu sabiduría otro modo de salvar el mundo. Pero, si no lo quieres así, «¡no se haga mi voluntad, sino la tuya!».

IV. «MI ALMA ESTÁ TRISTE HASTA LA MUERTE»

Tampoco esta vez obtiene fruto la oración del Salvador. Se siente morir.

Se levanta a duras penas. Se aleja de su lugar de oración para ir en busca de algún consuelo. Agotado, dando traspiés, jadeante, se arrastra hacia sus apóstoles. Y los vuelve a encontrar dormidos. No puede sino crecer su tristeza.

Jesús se conforma con despertarlos. ¡Qué vergüenza deben de sentir! Esta vez no les dice nada. Aunque parece infinitamente más triste, se guarda para sí toda la amargura y el dolor que provocan en Él ese abandono, esa indiferencia; como si, con su silencio, quisiera compadecerse de la debilidad de los suyos.

¡Jesús, cuánta pena vislumbro en tu corazón, tan colmado y rebosante ya de angustia! Te veo alejarte de tus apóstoles con el corazón roto. ¡Si al menos pudiera aliviarte, brindarte un poco de consuelo! Pero solo puedo limitarme a gemir a tu lado. Al meditar la inmensidad de tus sufrimientos, brotan de mis ojos lágrimas abundantes, lágrimas de amor a ti, lágrimas de contrición por mis pecados. Unas y otras las uno a las que tú derramas por mí. ¡Que lleguen hasta el trono del Padre e imploren su misericordia hacia ti y hacia tantas almas sumergidas aún en el sueño del pecado y de la muerte!

Jesús regresa de nuevo a su lugar de oración. Afligido, hundido, esta vez no se postra: se desploma en el suelo. Destrozado por una angustia mortal, redobla la intensidad de su oración. Pero el Padre le vuelve el rostro, como si Jesús se hubiera convertido en el más abyecto de los hombres.

Me parece, Jesús, escuchar todas tus quejas. ¡Si el hombre por el que agonizo, por el que estoy dispuesto a sufrirlo todo, quisiera al menos mostrarme alguna señal de gratitud; devolverme un poco de amor para compensar todo lo que sufro por su salvación! ¡Si quisiera tan solo valorar a qué precio me obligo a rescatarle de la muerte del pecado para darle la auténtica vida de los hijos de Dios! ¡Qué dolor de amor me rompe el corazón! ¡Cuánto supera ese dolor al que me infligirán mis verdugos al desgarrar mi carne! Pero el hombre, con su ignorancia voluntaria, no sabrá sacar partido de él. Llegará incluso a ultrajar esa Sangre divina que, por su culpa —no hay error más irreparable ni más inexorable—, se convertirá en ocasión de su eterna perdición. **Solo unos pocos** sabrán beneficiarse de ella, mientras que **la multitud** de los hombres seguirá **el camino de la perdición.** Y, en medio de la angustia infinita de su Corazón desgarrado, repite las palabras del profeta: «¿Quae utilitas in sanguine meo: qué provecho hay en mi sangre?».

Jesús vuelve a caer desplomado.

Pero a su Corazón le basta **ese pequeño número de almas**. Por ellas permanece firme en el campo de batalla. Afronta todos los dolores, todas las angustias de su Pasión e incluso la muerte, con tal de conquistar para ellas la palma de la victoria.

Ya no sabe adónde dirigirse para hallar consuelo. El cielo se ha cerrado para Él. Y el hombre, pese a estar muriendo bajo el inmenso peso de sus pecados, sigue despreciando, sumido en la ingratitud y la indiferencia, el amor de su Salvador, envuelto en una agonía mortal: ¡el amor lo desgarra, lo martiriza! Su rostro muestra una palidez infinita; sus ojos, a punto de apagarse. Y, presa de una tristeza indescriptible, clama: «Mi alma —dice— está triste hasta la muerte».

¡Qué inmenso dolor contienen esas palabras! Me parece, Jesús, escucharlas de tu boca. Revelan la angustia infinita que brota de lo más hondo de tu alma. Lo invade el miedo, tiemblan todos sus miembros: se apodera de Él una angustia mortal. El horror de tantos crímenes le revuelve el estómago; una inmensa náusea inunda su alma.

«Mi alma está triste hasta la muerte», dice.

¡Jesús, esas palabras conmueven mi corazón cuando pienso con cuánta generosidad has cargado sobre ti la expiación de mis pecados! ¿Cómo podría, Jesús, contemplar la inmensidad de tu martirio sin derramar lágrimas contigo?

¡Jesús, Jesús! Pero Él ya no escucha mi desconsolada llamada. El amor lo ha convertido en verdugo de sí mismo. Ahí está, desvanecido, rostro en tierra. Todo su cuerpo chorrea sangre. Primero solo escapan de cada uno de sus poros gruesas gotas, que luego se juntan y van formando regueros tan abundantes que inundan la tierra. Alza la cabeza, pero sus manos siguen juntas y sus brazos, extendidos; su cuerpo está tumbado sobre el costado izquierdo, en medio de un abandono mortal. Su rostro y todo su cuerpo bañados en sangre, su santa Faz cubierta de ella, sus ojos entrecerrados, su boca entreabierta; su aliento, antes jadeante, ahora se ha vuelto muy débil; su Corazón está a punto de dejar de latir.

¡Jesús, mi Jesús adorado! ¡Ojalá pudiera morir a tu lado! Pero, en presencia de tu mortal agonía, el silencio será más elocuente que cualquier palabra mía...

Tus dolores me atraviesan el corazón y ahí, junto a ti, me abandono.

Mis ojos se inundan de lágrimas; gimo contigo cuando pienso por qué te has sometido a esta agonía, qué inmensidad de amor te ha hecho aceptar tantos sufrimientos por mí.

¡Oh, Sangre divina, que brota espontáneamente del Corazón amante de mi Jesús! Son el dolor inmenso, la infinita amargura y la lucha cruel que libra Jesús los que te hacen brotar así para lavar la tierra.

Deja que te recoja, Sangre divina: especialmente esas primeras gotas.

Deseo guardarte en el cáliz de mi corazón. Es la prueba más convincente de que solo el amor te ha hecho brotar de las venas de mi Jesús. Quiero que me purifiques y que purifiques cualquier lugar mancillado por el pecado. Quiero ofrecerte al Padre.

Es la Sangre de su Hijo bien amado la que se derrama para purificar la tierra; es la sangre de su Hijo, Dios hecho Hombre, la que se alza hasta su trono para aplacar su justicia enojada por nuestros pecados. El Padre queda sobradamente satisfecho.

Pero ¿qué digo? Si la justicia del Padre queda satisfecha, Él, Jesús, no se ha saciado de sufrimiento. Jesús no quiere detener la efusión de su caridad por nosotros.

El hombre ha de recibir la prueba infinita de su amor; ha de constatar hasta qué extremos de ignominia lo conducirá ese amor; ha de conocer la abundancia de su redención. Si la justicia infinita del Padre reconoce el justo valor del precio de la Sangre de su Hijo y se da por satisfecha, el hombre, por el contrario, ha de tener la certeza de que el amor de su Salvador no se ha saciado de sufrimientos por Él; la certeza de que no se detendrá en el camino del sacrificio: llegará hasta la suprema agonía en la cruz y a la muerte ignominiosa en ella.

Quizá el hombre que ha alcanzado cierta altura espiritual sea capaz de apreciar, al menos en parte, la grandeza y la espontaneidad del amor que somete a su Salvador a la agonía en el Huerto; pero el que permanece inmerso en las preocupaciones materiales y cuyos anhelos se dirigen ante todo hacia las cosas de la tierra, ese aún tendrá que asistir al drama visible de su agonía y de su muerte en la cruz. Tal vez la contemplación de esa

Sangre divina, de esa espantosa agonía sufrida por él, venza su obstinación.

¡No, el Corazón amante de Jesús no se ha saciado! Jesús recobra las fuerzas y ora de nuevo: «Padre, si no quieres que se aparte de mí este cáliz, hágase tu voluntad y no la mía».

Ahora Jesús va a poder colmar el anhelo de su Corazón lleno de amor. Va a poder ceder al deseo de la humanidad que, para ser redimida, exige su muerte. El cielo y la tierra se unen para pedir esa sentencia de muerte que el Padre pronuncia contra su Hijo. En un gesto de perfecta sumisión, Jesús inclina su cabeza adorable. «Padre, si no quieres que se aparte de mí este cáliz, hágase tu voluntad y no la mía».

Pese a todo, el Padre envía a Jesús un ángel portador de un mensaje que le consuele. ¿Qué motivos de consuelo puede aportar ese ángel al Dios Poderoso, Dueño del Universo, Invencible, Omnipotente? Se ha sometido voluntariamente al dolor. Ha cargado con nuestras debilidades. Es el hombre quien sufre y agoniza en Él; es el milagro de su amor infinito el que le hace sudar sangre y lo somete a la agonía.

Dos son las intenciones de la oración que dirige al Padre: una, Jesús mismo; la otra somos nosotros. El Padre no le concede la que tiene que ver con Él: ha decidido que muera por nosotros.

Me parece ver al ángel inclinarse con reverencia ante Jesús, ante esa Belleza eterna ahora cubierta de sangre y de polvo; y, mostrándole toda señal de respeto, le brinda el consuelo de la sumisión a la voluntad divina. Por la gloria del Padre y en nombre de todos los pecadores, le suplica que acepte ese cáliz que desde toda la eternidad se ha ofrecido a beber para obrar su salvación.

Con su oración quiere hacernos comprender también que, cuando nuestra alma —igual que la suya— se halla inmersa en la desolación, es en el cielo donde debemos buscar el consuelo.

Y Él, nuestra fuerza, estará siempre dispuesto a socorrernos, porque ha querido cargar con todas nuestras miserias.

Sí, Jesús: ¡es a ti a quien se le ha encomendado apurar el cáliz hasta las heces! Ahí estás, entregado a la muerte más cruel. Que no haya nunca nada, Jesús, ni la vida ni la muerte, que pueda separarme de ti. Quiero seguirte en el camino de la vida, permanecer ardientemente unido a ti. Haz que expire contigo en el Calvario para entrar contigo en tu gloria; que te acompañe en las tribulaciones y en las persecuciones, a fin de merecer un día llegar a amarte en la gloria del cielo y cantar el himno de acción de gracias por todos los sufrimientos que has padecido por mí.

Y Jesús vuelve a cobrar fuerzas.

Se levanta, fuerte e invencible, como un león dispuesto al combate.

Él, que tan ardientemente había deseado ese banquete de sangre, *desiderio desideravi*, devuelve el orden a sus cabellos, enjuga su rostro bañado en sangre y se dirige con determinación a la salida del Huerto.

¿Dónde vas, Jesús? ¿Ya no eres el mismo Jesús a quien acabo de ver con el alma devastada, presa del terror, de la aversión, del miedo, del abatimiento y la desolación? ¿El Jesús tembloroso, aplastado bajo el inmenso peso de los males que iban a abatirse sobre ti?

¿Dónde vas ahora con tanto ardor, con tanto coraje? ¿A qué peligros vas a exponerte?

Ahora lo entiendo: el arma de la oración te ha concedido la victoria, ha triunfado el espíritu sobre la debilidad de la naturaleza. Ahora que has hallado fuerzas en la oración eres capaz de afrontarlo todo. Quieres que siga tu ejemplo, Jesús, y que en medio del dolor acuda al cielo con confianza, como lo has hecho tú.

Jesús se acerca a sus tres apóstoles. Ellos siguen durmiendo. La emoción, la noche avanzada, el presentimiento de que se avecina algo angustioso, algo irreparable, el cansancio: todo eso los ha sumergido en un sueño invencible. Jesús lo comprende tan bien que se compadece de ellos y les dice: «El espíritu está dispuesto, pero la carne es débil».

Pero siente tan vívidamente ese abandono que exclama con voz potente: «Dormid ahora, y descansad».

Luego guarda silencio.

A duras penas, al oír los pasos de Jesús, los apóstoles hacen un esfuerzo por abrir los ojos. Entonces Jesús prosigue: «Basta —les dice—, ha llegado la hora; mirad, el Hijo del hombre va a ser entregado en manos de los pecadores. Levantaos, vamos; ya llega el que me va a entregar».

Jesús lo ve todo, con su mirada a la que nada se le oculta. Es como si les dijera: vosotros, que sois mis amigos y mis discípulos, dormís; pero ellos, mis enemigos, velan y conspiran para que me detengan... Y tú, Pedro, tú que te creías tan fuerte como para seguirme hasta la muerte, ¿duermes? Desde el principio me diste pruebas de tu debilidad; pero no te inquietes, porque yo me he revestido de tu debilidad. He orado por ti y, cuando te conviertas, apacentarás a mis ovejas... Y tú, Juan, ¿tú también duermes? Tú, que hace unos instantes sentiste los latidos de mi Corazón, ¿duermes?

Levantaos, salgamos de aquí: ya no es hora de dormir, el enemigo está a las puertas. Es la hora del poder de las tinieblas. Sí, salgamos: voluntariamente me enfrento a la muerte. Judas me va a traicionar y yo salgo a su encuentro con paso firme y decidido.

No hay obstáculo capaz de impedir que se cumplan las profecías. Ha llegado mi hora, la hora de la infinita misericordia para con la humanidad.

Y, en efecto: se oye ruido de pasos; entre los árboles del Huerto se cuela la rojiza luz de las antorchas. Jesús, seguido de sus discípulos, se adelanta, decidido y sereno.

ORACIÓN FINAL

Jesús, dame tu fuerza cuando, frente a las pruebas del futuro, mi naturaleza, llevada de su debilidad, tienda a rebelarse; para que pueda afrontar como tú, con una paz sosegada y serena, cuantos dolores y tormentos tenga que sobrellevar en esta tierra de exilio. Me uno plenamente a tus méritos, a tus sufrimientos, a tu expiación, a tus lágrimas, para cooperar contigo a mi salvación y evitar el pecado, la única causa de tu sudor de sangre y de tu condena a muerte.

Destruye todo lo que te desagrada de mí y, con el fuego sagrado de tu caridad, imprime tus dolores en mi corazón; átame tanto a ti, con lazos tan estrechos y tan dulces, que nunca más te abandone en tu dolor; que en medio de las pruebas de esta vida me refugie en tu Corazón para obtener de él fuerza y consuelo; y que mi corazón no ambicione jamás otra cosa que permanecer junto a ti en el Huerto de la agonía para saciarse del dolor de tu Corazón. Que mi alma se embriague con tu Sangre y se alimente contigo del pan de tus sufrimientos.

Así sea.